Impressum
Verlag: BABADADA GmbH, Nedderfeld 112 , 22529 Hamburg
Geschäftsführer / Verlagsleitung: Harald Hof
Druck: Books on Demand GmbH, In de Tarpen 42, 22848 Norderstedt

Imprint
Publisher: BABADADA GmbH, Nedderfeld 112 , 22529 Hamburg, Germany
Managing Director / Publishing direction: Harald Hof
Print: Books on Demand GmbH, In de Tarpen 42, 22848 Norderstedt, Germany

სკოლა

dibistan

საკლასო ოთახი
sef
გაყოფა
parkirin
186/2
texte
სკოლის ეზო
hewşa dibistanê
მასწავლებელი
mamoste
ქაღალდი
kaxez
წერა
nivîsandin
კალამი
pênivîsk
მაგიდა
mase
სახაზავი
rastek
წიგნი
pirtûk
მოსწავლე
xwendekar

ზურგჩანთა

çewal

პენალი

qûtî nivîstok

ფანქარი

qelemrisas

ფანქრების სათლელი

nivîstok tûjkir

საშლელი

jêbir

ნახატების ალბომი

nivîska nîgarê

2 სკოლა - dibistan

ნახატი

nîgar

ფუნჯი

firçeya rengê

საღებავის ყუთი

qûtî reng

მაკრატელი

meqes

წებო

lezaq

სავარჯიშო რვეული

pirtûka fêrbûn

საშინაო დავალება

wezîfa malê

12

ნომერი

hejmar

2+2

დამატება

zêdekirin

5-2

გამოკლება

derxistin

2×2

გამრავლება

zêdekirin

გამოთვლა

hesibandin

A

წერილი

tîp

ABCDEFG
HIJKLMN
OPQRSTU
VWXYZ

ანბანი

alfabe

hello

სიტყვა

peyv

ტექსტი
nivîsê

წაკითხვა
xwandin

ცარცი
geç

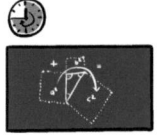

გაკვეთილი
ders

რეგისტრაცია
qeydkirin

გამოცდა
îmtîhan

სერტიფიკატი
şehade

სკოლის ფორმა
kinca dibistanê

განათლება
perwerdehî

ენციკლოპედია
zanistname

უნივერსიტეტი
zanîngeh

მიკროსკოპი
mîkroskûp

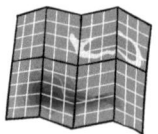

რუქა
xerîte

კალათა ნარჩენი
ქაღალდებისათვის
sepeta kaxezê

მოგზაურობა
rêwêtî

სასტუმრო
mêvanxane
ჰოსტელი
mêvanxane
ვალუტის გადაცვლის პუნქტი
ofîsa pere veguhartinê
ჩემოდანი
cente
მანქანა
maşîn

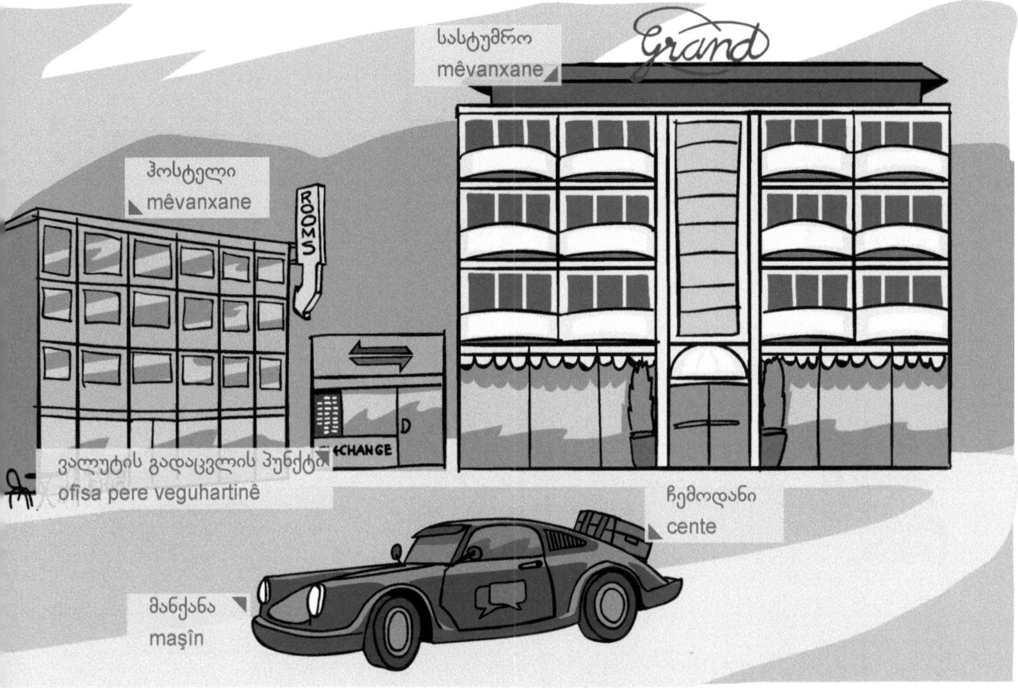

ენა
ziman

კი / არა
belê / na

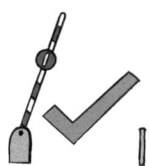

კარგი
baş

გამარჯობა
silav

მთარგმნელი
wergêra nivîskî

გმადლობთ
sipas

რა ღირს... ?

bihayê ... çi qase?

ვერ გავიგე

ez fam nakim

პრობლემა

pirsgirêk

აღამო მშვიდობისა!

êvarbaş!

დილა მშვიდობისა!

beyanî baş!

ღამე მშვიდობისა!

şev baş!

ნახვამდის

xatirê te

მიმართულება

alî

ბარგი

hûrmûr

ჩანთა

çente

ზურგჩანთა

çente pişt

სტუმარი

mêvan

ოთახი

ode

საძილე ტომარა

came xew

კარავი

çadir

ტურისტული ინფორმაცია

agagiyên gerokan

სანაპირო

rexê avê

საკრედიტო ბარათი

kartê qerzê

საუზმე

taştê

ლანჩი

firavîn

ვახშამი

şîv

ბილეთი

kart

ლიფტი

asansor

საფოსტო მარკა

pûl

საზღვარი

tixûb

საბაჟო

gumirk

საელჩო

balyozxane

ვიზა

vîza

პასპორტი

pasaport

ტრანსპორტი
guhaztin

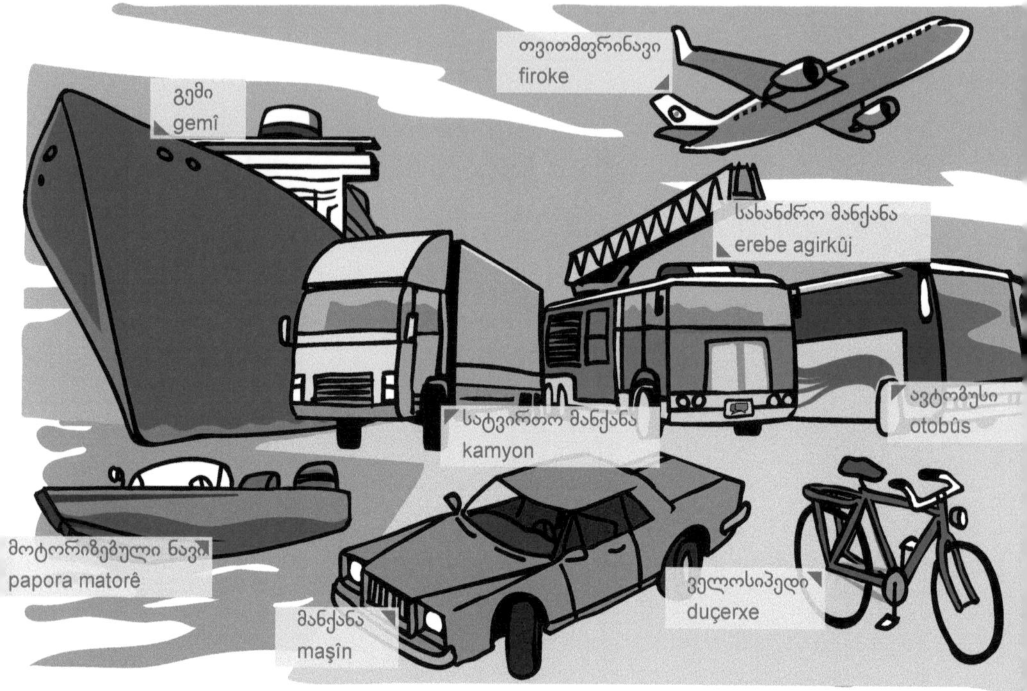

თვითმფრინავი
firoke
გემი
gemî
სახანძრო მანქანა
erebe agirkûj
სატვირთო მანქანა
kamyon
ავტობუსი
otobûs
მოტორიზებული ნავი
papora matorê
ველოსიპედი
duçerxe
მანქანა
maşîn

ბორანი
papor

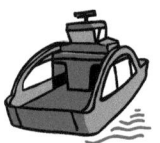

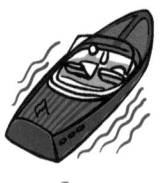

ნავი
papor

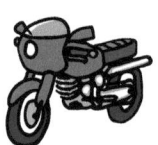

მოტოციკლი
motorsîklêt

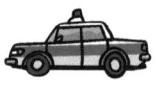

პოლიციის მანქანა
trimbêla polîsê

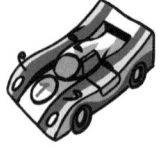

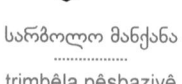

სარბოლო მანქანა
trimbêla pêşbaziyê

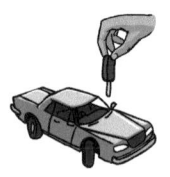

დაქირავებული მანქანა
erebe kirêkirinê

მანქანის ერთობლივი მოხმარება
maşîn pervekirin

საბუქსირე მანქანა
kamyona kişandinê

ნაგვის მანქანა
kamyona xwelî

ძრავა
motorsîklêt

საწვავი
mazot

ბენზინგასამართი სადგური
îstegeha benzînê

საგზაო ნიშანი
tabloya tirafîkê

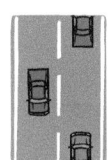

მოძრაობა
hatinûçûn

საცობი
tirafîk

მანქანის სადგომი
cihê parkê

მატარებლის სადგური
rawesteka trênê

ლიანდაგები
rêç

მატარებელი
trên

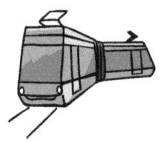

ტრამვაი
trênê kolanê

ვაგონი
erebe

ვერტმფრენი
babirok

აეროპორტი
balafirgeh

კოშკი
birc

მგზავრი
misafir

კონტეინერი
qûtî

მუყაოს ყუთი
qûtî

ურიკა
girgirok

კალათა
selik

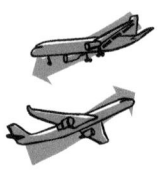

აფრენა / დაშვება
rabûn / nîştin

ქალაქი
bajar

სოფელი
gund

ქალაქის ცენტრი
navenda bajarê

სახლი
xanî

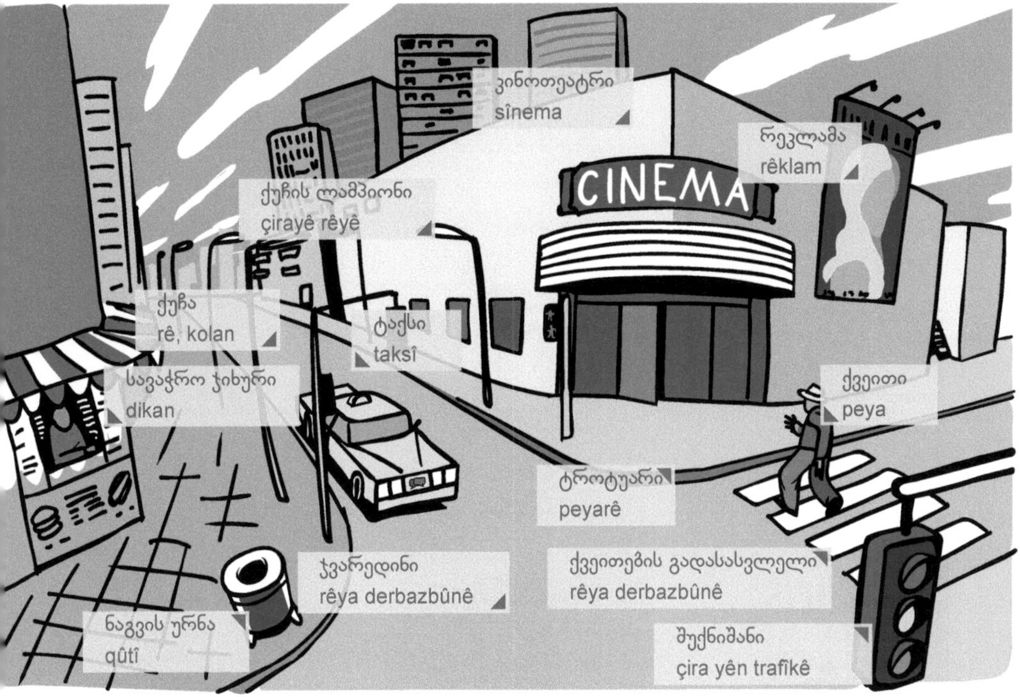
CINEMA
კინოთეატრი
sînema
რეკლამა
rêklam
ქუჩის ლამპიონი
çirayê rêyê
ქუჩა
rê, kolan
ტაქსი
taksî
სავაჭრო ჯიხური
dikan
ქვეითი
peya
ტროტუარი
peyarê
ჯვარედინი
rêya derbazbûnê
ქვეითების გადასასვლელი
rêya derbazbûnê
ნაგვის ურნა
qûtî
შუქნიშანი
çira yên trafîkê

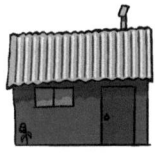

ქოხი

kox

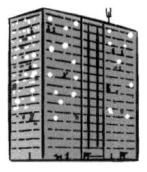

ბინა

xanî

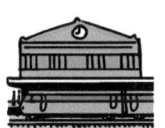

მატარებლის სადგური

rawesteka trênê

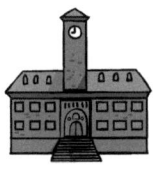

მუნიციპალიტეტი

telara şarevanî

MUSEUM

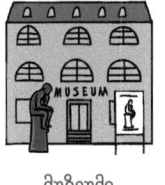

მუზეუმი

mûzexane

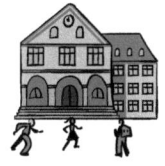

სკოლა

dibistan

უნივერსიტეტი

zanîngeh

ბანკი

bank

საავადმყოფო

nexweşxane

სასტუმრო

mêvanxane

აფთიაქი

dermanxane

ოფისი

ofîs

წიგნების მაღაზია

kitêbfiroşî

მაღაზია

dikan

ფლორისტი

gulfiroş

სუპერმარკეტი

bazar

ბაზარი

bazar

მაღაზიის განყოფილება

supermarket

თევზის გამყიდველი

masîfiroş

სავაჭრო ცენტრი

navenda kirrîn

ნავსადგომი

bender

პარკი

park

გრძელი სკამი

sekû

ხიდი

pir

კიბეები

derince

მიწისქვეშა გადასასვლელი

jêr erdê

გვირაბი

tunnel

ავტობუსის გაჩერება

îstgeha otobûs

ბარი

bar

რესტორანი

xwaringeh

საფოსტო ყუთი

sindûqa postê

ქუჩის ნიშანი

nîşanderka rêyê

პარკინგის საზომი

metra parkîngê

ზოოპარკი

baxça heywanan

საცურაო აუზი

hewza melevanî

მეჩეთი

mizgeft

ფერმა

cotgeh

გარემოს დაბინძურება

lewitandina derdor

სასაფლაო

goristan

ეკლესია

kenîse

საბავშვო მოედანი

erdê leyistinê

ტაძარი

perestgeh

ლანდშაფტი

tebîet

ფოთოლ
ი
gela
გზის მანიშნებელი ნიშანი
nîşanderka rê
გზა
rê
მდელო
mêrg
ქვა
kevir
მოგზაური
gerok
ხე
dar
მდინარე
çem
ბალახი
giya
ყვავილი
kulîlk

ხეობა

dol

გორაკი

gir

ტბა

gol

ტყე

daristan

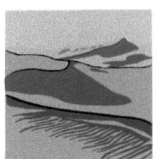

უდაბნო

beyaban

ვულკანი

volkan

ციხე

keleh

ცისარტყელა

keskesor

სოკო

kivark

პალმა

darqesp

კოღო

mixmixk

ბუზი

mêş

ჭიანჭველა

mêrî

ფუტკარი

hing

ობობა

pîrê

ხოჭო
kêzik

ბაყაყი
beq

ციყვი
sihor

ზღარბი
jîjok

კურდღელი
kerguh

ბუ
pepûk

ფრინველი
çivîk

გედი
qû

ტახი
berazê kovî

ირემი
pezkovî

ცხენ-ირემი
pezkovî

კაშხალი
bendav

ქარის ტურბინა
tûrbîna ba

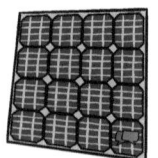

მზის ბატარეა
panela xorê

კლიმატი
av û hewa

მიმტანი
berkar

მენიუ
pêşek

სკამი
kursî

სუპი
şorbe

პიცა
pîza

დანა-ჩანგალი
çetel û çemçik

მაგიდაზე გადასაფარებელი
sifre

საუზმე

xwarina destpêk

მთავარი კერძი

xwarina serekî

დესერტი

şêranî

დასალევი

vexwarinan

საჭმელი

xwarin

ბოთლი

cam

სწრაფი კვება

xwarina lez

ქუჩის საჭმელი

xwarina rêyê

ჩაიდანი

çaydanik

საშაქრე

qûtî şekirê

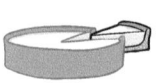

პორცია

beş

ესპრესოს მანქანა

mekîna çêkirinê espresso

მაღალი სკამი

kursiya bilînd

ანგარიში

hesab

ლანგარი

sênî

დანა

kêr

ჩანგალი

çetel

კოვზი

kevçî

ჩაის კოვზი

kevçiya çay

ხელსახოცი

pêşgir

ჭიქა

qedeh

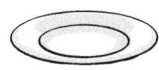

თეფში
teyfik

სუპის თეფში
teyfika şorbe

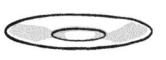

ჩაის ლამბაქი
piyale

საწებელი
çênc

სამარილე
xwêdank

წიწაკის საფქვავი
qûtî bîbar

ძმარი
sêk

ზეთი
rûn

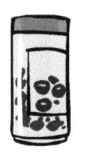

სანელებლები
biharat

კეტჩუპი
ketçap

მდოგვი
mustard

მაიონეზი
mayonêz

სუპერმარკეტი
bazar

სპეციალური შეთავაზება
pêşkêşên taybet
მომხმარებელი
mişterî
რძის ნაწარმი
şîremenî
ხილი
fêkî
erebe

საყასბო

qesabî

საცხობი

dikana nanpêj

აწონვა

wezin kirin

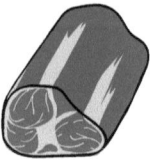

ბოსტნეული

sebze

ხორცი

goşt

გაყინული საკვები

xwarinê cemedî

გრილი ხორცი
goştê sar

კონსერვები
xwarina pîlê

სარეცხი ფხვნილი
xubarê paqijkirinê

ტკბილეული
şirînî

საყოფაცხოვრებო
პროდუქტები
berhemên navxweyî

სარეცხი საშუალებები
berhemên paqijkirinê

გამყიდველი
firoşyar

სალარო
xeznok

მოლარე
diravgir

საყიდლების სია
lîsta kirrînê

მუშაობის საათები
demên vekirî

პორტმანი
cizdan

საკრედიტო ბარათი
kartê qerzê

ჩანთა
çewal

პლასტიკური პარკი
çente

დასალევი
vexwarinan

წყალი

av

წვენი

şerbet

რძე

şîr

კოკა-კოლა

komir

ღვინო

şerab

ლუდი

bîra

ალკოჰოლი

alkol

კაკაო

kakwo

ჩაი

çay

ყავა

qehwe

ესპრესო

espresso

კაპუჩინო

kapoçîno

ბანანი

moz

ვაშლი

sêv

ფორთოხალი

pirteqalî

საზამთრო

gundor

ლიმონი

lîmon

სტაფილო

gêzer

ნიორი

sîr

ბამბუკი

qamir

ხახვი

pîvaz

სოკო

qarçik

კაკალი

gewîz

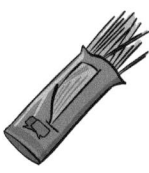

ატრია

şihîre

სპაგეტი

spagêttî

ბრინჯი

birinc

სალათი

selete

ჩიპსები

çîps

შემწვარი კარტოფილი

peteteya biraştî

პიცა

pîza

ჰამბურგერი

hamburger

სენდვიჩი

nanok

კოტლეტი

goştê stûyê berxî

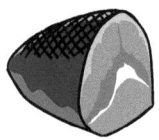

ლორი

goştê hişkkirî

სალიამი

salamê

ძეხვი

sosîs

წიწილა

mirîşk

შემწვარი ხორცი

bijartin

თევზი

masî

შვრიის ფაფა

şorbe bilûl

მუსლი

mûslî

სიმინდის ფანტელები

kertên gilgilan

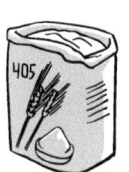

ფქვილი

ard

კრუასანი

croissant

ბულკი

semûn

პური

nan

ტოსტი

tost

ნამცხვრები

nanik

კარაქი

nivîşk

ხაჭო

mast

ტორტი

kulîçe

კვერცხი

hêk

ერბო-კვერცხი

hêka qelandî

ყველი

penîr

ნაყინი
dondirme

შაქარი
şekir

თაფლი
hingiv

ჯემი
mireba

შოკოლადის კრემი
xameya nougat

კარი
kurrî

ფერმა
cotgeh

სოფლის სახლი
xaniya çewliga
kadîn
ჩალის შეკვრა
tepika pûşê
ყანა
zevî
ცხენი
hesp
მისაბმელი
karwan
კვიცი
canî
ტრაქტორი
traktor
ვირი
ker
ცხვარი
beran
ცხვარი
berx

თხა

bizin

ძროხა

çêlek

ხბო

golik

ღორი

beraz

გოჭი

xinzîrk

ხარი

boxe

ბატი

qaz

იხვი

miravî

წიწილა

cûçik

ქათამი

mirîşk

მამალი

keleşêr

ვირთხა

circ

კატა

kitik

თაგვი

mişk

ხარი

ga

ძაღლი

kûçik

საძაღლე

xaniya kûçikê

ბაღის შლანგი

xanî baxê

საბაღე წურწურა

qûtîka avdanê

ცელი

şalûk

გუთანი

gasin

ნამგალი

das

თოხი

merbêr

პატივის სახვეტი ჩანგალი

darsapik

ცული

bivir

მაზიდი

destgere

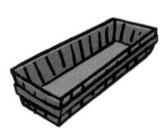

გობი

qûtî xwarina candaran

რძის ბიდონი

qûtî şîr

ტომარა

tûr

ღობე

çeper

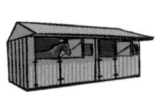

ბოსელი

axur

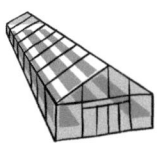

სათბური

xana kulîlkan

ნიადაგი

ax

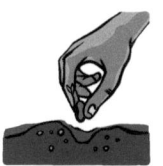

თესლი

dendik

სასუქი

peyn

მოსავლის ამღები კომბაინი

kombayn

მოსავლის აღება
zad

მოსავალი
zad

იამი
petete

ხორბალი
genim

სოიო
fasolî

კარტოფილი
petete

სიმინდი
dexl

სარეველას თესლი
dindik

ხეხილი
darê fêkî

მანიოკი
sêvê bin erdê

მარცვლეული
zad

სახლი

xanî

ბუხარი
kulek
სახურავი
banî
წყალსადინარი მილი
boriya avê
pace
ავტოფარეხი
garaj
კარის ზარი
zengilê derî
კარი
derî
ნაგვის ყუთი
firaxê zibilê
საფოსტო ყუთი
qutîya postê
ბაღი
baxçe

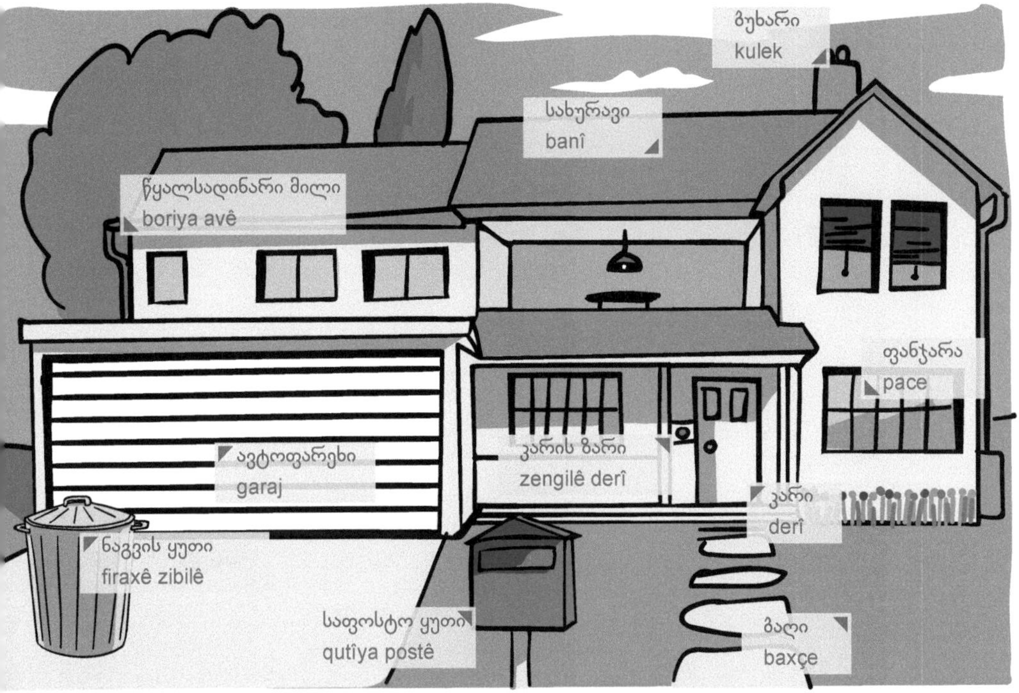

მისაღები ოთახი

oda rûniştinê

აბაზანა

hemam

სამზარეულო

metbex

საძინებელი

oda xewê

საბავშვო ოთახი

odeya zarok

სასადილო ოთახი

oda şîvê

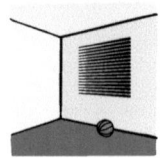

სართული

binî

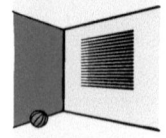

კედელი

dîwar

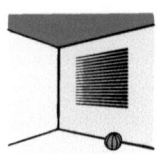

ჭერი

berban

სარდაფი

xenzik

საუნა

sauna

აივანი

balkon

ტერასა

berdanik

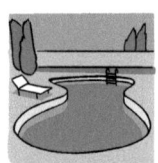

აუზი

hewza melevanî

გაზონის საკრეჭი

çîmen birr

საბნის კონვერტი

melhefe

საწოლი

betanî

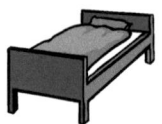

ლოგინი

nivîn

ცოცხი

gezik

სათლი

satil

გადამრთველი

kilîl

მისაღები ოთახი

oda rûniştinê

შპალერი
kaxezê dîwar
ნახატი
wêne
ნათურა
lampa
თარო
ref
კარადა
dolab
ტელევიზორი
telefîsiyon
ბუხარი
agirdan
ყვავილი
kulîlk
ბალიში
serîn
დივანი
qenepe
ვაზა
guldank
დისტანციური მართვა
kontrola dûr

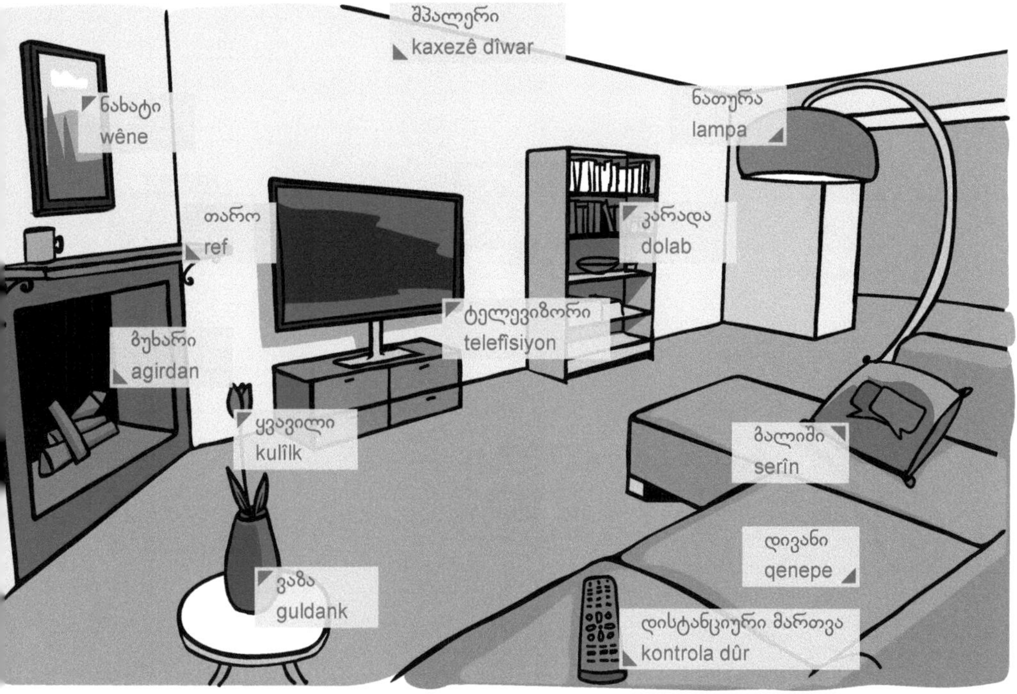

ხალიჩა

xalîçe

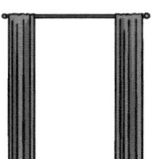

ფარდა

perde

მაგიდა

mêz

სკამი

kursî

სარწეველა სკამი

kursiya hejanok

სავარძელი

kursî

წიგნი
pirtûk

საბანი
betanî

დეკორაცია
xemilandin

შეშა
êzing

ფილმი
fîlm

hi-fi მოწყობილობები
hi-fi

გასაღები
kilîl

გაზეთი
rojname

ფერწერა
nîgar

პლაკატი
poster

რადიო
radyo

ბლოკნოტი
defter

მტვერსასრუტი
sivnika elektrîkî

კაქტუსი
kaktûs

სანთელი
mom

სამზარეულო
metbex

მაცივარი
sarinc
მიკრო-ტალღური ღუმელი
maykroveyv
სამზარეულოს სასწორი
teraziya metbexê
ტოსტერი
amûra nan germkirinê
სარეცხი საშუალება
pagijker
ღუმელი
sobe
საყინულე
sarker
ნაგვის ყუთი
firaxê zibilê
ჭურჭლის სარეცხი მანქანა
firaqşok

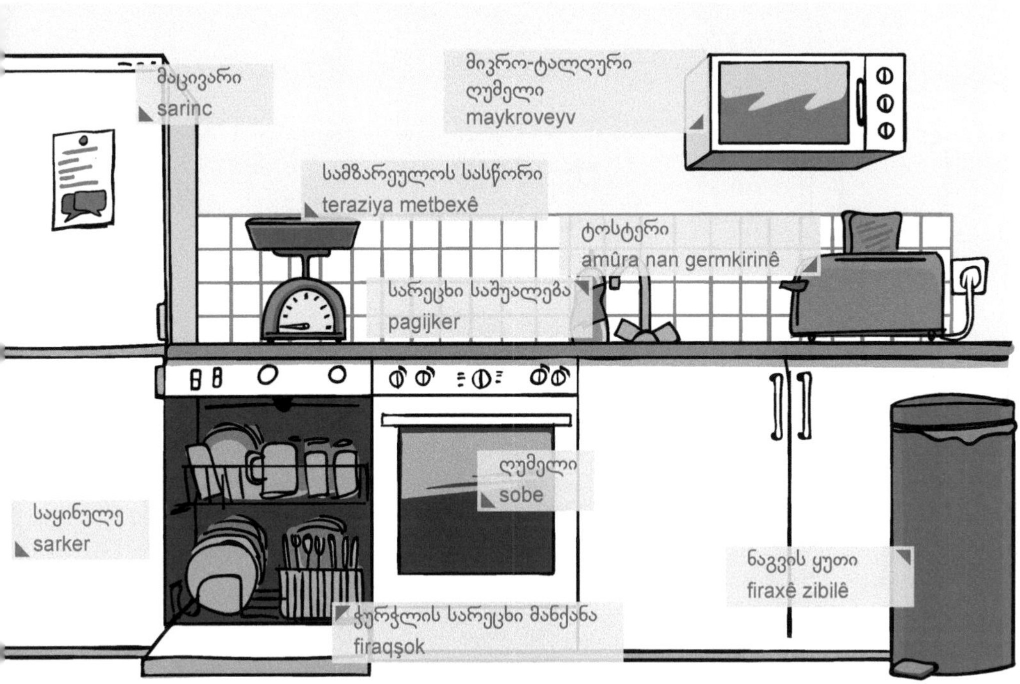

გაზქურა

sobe

ქოთანი

aman

თუჯის ქვაბი

amaê ûtû

ტაფა ამობერილი ფსკერით

firaqê mezin

ტაფა

dîzik

ჩაიდანი

kelînk

სამზარეულო - metbex 35

ორთქლსახარში

firaqê hilmê

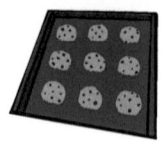

საცხობი ლანგარი

sênî nanê

ჭურჭელი

firaq

კათხა

piyale

თასი

kasik

ჩინური ჩხირები

darê nanxwarin

ჩამჩა

hesk

ფითხი

kevçiya mezin

სათქვეფელა

rînek

საწური

kefgîr

საცერი

bêjing

სახეხი

rêşker

სანაყი

destar

გრილი

biraştin

კოცონი

agirê vala

დაფა

texteya birrînê

საგორავი

darikê tîrê

ბურღი

devik badek

ქილა

qûtî

ქილის გასახსნელი

qûtîvekir

ქოთნის დამჭერი

cawê amanan

ნიჟარა

destşo

ფუნჯი

firçe

ღრუბელი

parazoa

ბლენდერი

tevdêr

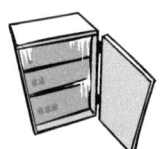

საყინულე კამერა

sarkerê cemedî

საბავშვო ბოთლი

şûşe bebikan

ონკანი

henefî

აბაზანა

hemam

შხაპი
dûş
გათბობა
germijank
პირსახოცი
xawlî
საშხაპე ფარდა
perdeya hemamê
ღრუბლიანი აბანო
kefê hemam
ვანა
hewza hemam
qedeh
სარეცხი მანქანა
cîlşok
ონკანი
henefî
ფილები
acûr
ღამის ქოთანი
tiwaleta zarokan
ნიჟარა
destşo

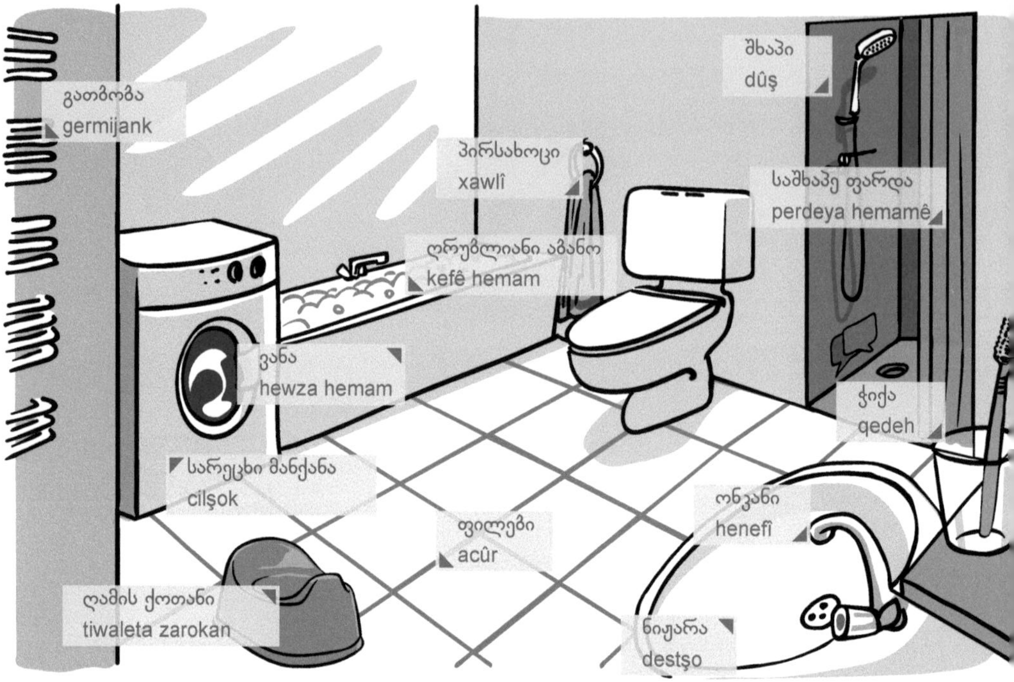

ტუალეტი

tiwalet

იატაკის ტუალეტი

tiwaleta erdê

ბიდე

tiwalet

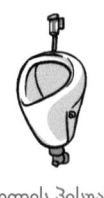

კედლის პისუარი

avdestxana mêran

ტუალეტის ქაღალდი

kaxeza tiwalet

ტუალეტის ჯაგრისი

firşeya tiwalet

38 აბაზანა - hemam

კბილის ჯაგრისი

firçeya diran

კბილის პასტა

mecûna diran

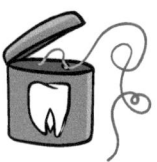

კბილის ძაფი

nexa didan

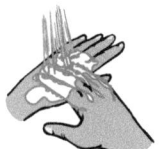

რეცხვა

şûştin

ხელის შხაპი

dûşê destê

ინტიმური შხაპი

dûş

ტაშტი

destşo

ზურგის სახეხი ფუნჯი

firça pişt

საპონი

sabûn

შხაპის გელი

cêlê hemam

შამპუნი

şampo

ნეჭა

fanîle

სანიაღვრე

zêrab

კრემი

kirêm

დეოდორანტი

bêhn xweşkir

სარკე
mirêk

ხელის სარკე
mirêka destê

ბრიტვა
gûzan

საპარსი ქაფი
kefê teraşînê

საშუალება გაპარსვის შემდეგ
mecûna piştî teraşînê

სავარცხელი
şeh

ჯაგრისი
firçe

თმის საშრობი
por hîşikkir

თმის ლაქი
sipraya porê

კოსმეტიკა
kozmetîk

ტუჩების პომადა
soravk

ფრჩხილის ლაქი
rengê nînok

ბამბა
pembû

ფრჩხილის მაკრატელი
meqesta nînok

სუნამო
parfûm

კოსმეტიკის ჩანთა

çewalê hemamê

ტაბურეტი

kursiya bêpişt

სასწორი

terazî

საბაზანო ხალათი

kinca hemamê

რეზინის ხელთათმანები

lepika lastîkê

ტამპონი

tampon

სანიტარული პირსახოცი

xawliya paqijkirinê

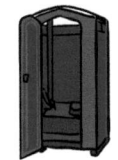

ბიო-ტუალეტი

tiwaleta kîmîyewî

საბავშვო ოთახი

odeya zarok

მაღვიძარა
demjimêrk
რბილი სათამაშო
lîstok
სათამაშო მანქანა
maşîna lîstok
ჩხარუნა სათამაშო
xişxişok
თოჯინების სახლი
mala lîstok
საჩუქარი
xelat

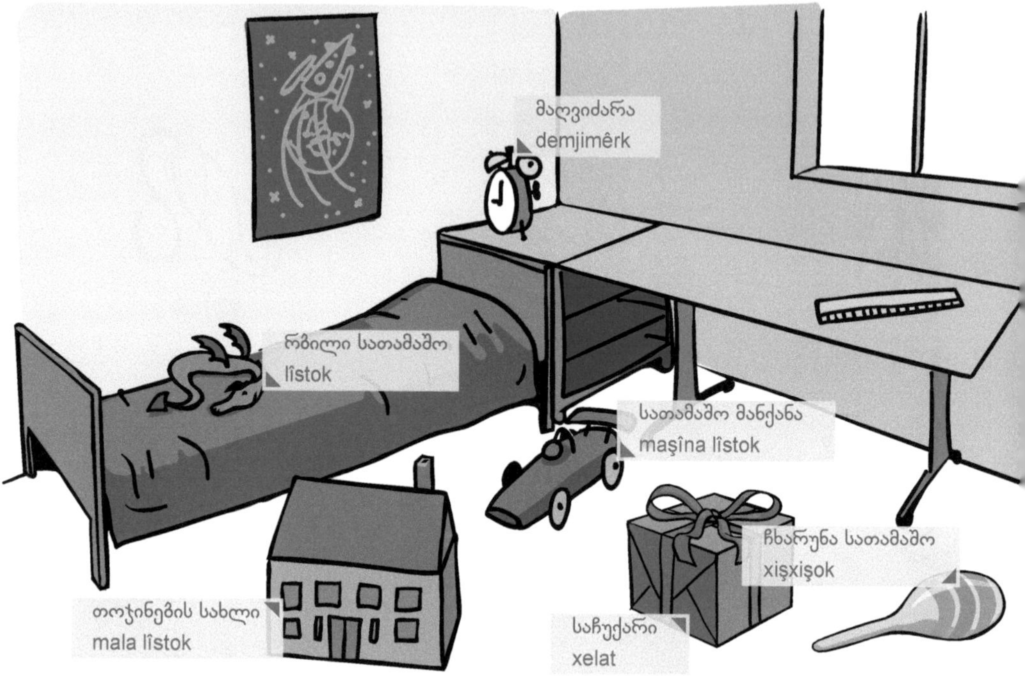

ბუშტი

pifdank

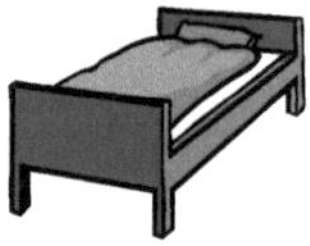

ლოგინი

nivîn

საბავშვო ეტლი

koçk

კარტის თამაში

lîstika kartê

პაზლი

frîzbî

კომიკსი

komîk

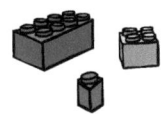

ლეგოს აგურები

acûra lêgo

ასაშენებელი კუბიკები

acûra lîstok

სათამაშო ფიგურა

bûke şûşe

საცოცავი

kinca bebikan

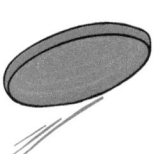

ფრისბი

frizbee

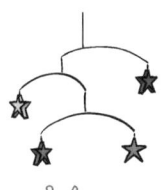

მობილე

veguhestin

სამაგიდო თამაში

lîstikên texte

კამათელი

mor

რკინიგზის მოდელი

modêla trênê

საწოვარა

memik

წვეულება

cejn

წიგნი ნახატებით

kitêba wêne

ბურთი

top

თოჯინა

bûke şûşe

თამაში

leyîstin

საქვიშარი

kuna xîzê

საქანელა

colane

სათამაშოები

lîstokan

ვიდეო თამაშის კონსოლი

lîstika vîdeoyî

სამთვლიანი ველოსიპედი

sêçerxe

დათუნია

hirça lîstok

გარდეროზი

cildank

ტანსაცმელი

kinc

წინდები

gore

ჩულქები

gore

კოლგოტები

derpêgorê

შარფი
şal

ქოლგა
çetir

მკლავებიანი მაისური
kiras

ქამარი
qayiş

ფეხსაცმელი
şekal

ბოტასები
pêlav

ჩუსტები
pêlavê nav malê

სანდლები
....
solik

ფეხსაცმელი
....
sol

რეზინის ჩექმები
....
potîna çermê

ტრუსები
....
pantolê jêr

ბიუსჰალტერი
....
pêsîrbend

მაისური
....
çekbend

სხეული

cendek

შარვალი

pantol

ჯინსი

jeans

ქვედაკაბა

daman

ბლუზი

kiras

პერანგი

kiras

სვიტრი

fanêle

კაპიუშონიანი ჟაკეტი

fanêle

სპორტული ქურთუკი

cakêt

ჟაკეტი

sako

პალტო

çaket

საწვიმარი

baranî

კოსტუმი

lebas

კაბა

fîstan

საქორწილო კაბა

cilê dawetê

კაცის კოსტიუმი

kostum

ღამის პერანგი

pêcame

პიჟამოები

pêcame

სარი

saree

თავშალი

leçik

ტურბანი

mêzer

ჩადრი

hêram

ხიფთანი

kaftan

აბაია

eba

საცურაო კოსტუმი

kinca ajnêkirin

ჩემოდნები

cilka melevanî

შორტები

şort

სპორტული კოსტიუმი

cila hêvojkarî

წინსაფარი

pêşmal

ხელთათმანები

lepik

ღილი
dûgme

სათვალეები
berçavik

სამაჯური
bazin

ყელსაბამი
gerdenî

ბეჭედი
gustîl

საყურე
guhark

კეპი
devik

საკიდი
hilavistek

ქუდი
kûm

ჰალსტუხი
kirawat

ელვა-შესაკრავის შეკვრა
zîp

ჩაფხუტი
serparêz

აჭიმი
derzî

სკოლის ფორმა
kinca dibistanê

ფორმა
yûnîform

ბავშვის წინსაფარი

berdilk

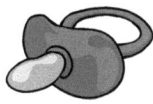

საწოვარა

memik

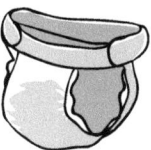

პამპერსი

pundax

ოფისი
ofîs

სერვერი
pêşkeşker
საკანცელარიო კარადა
dolabê belge
პრინტერი
çaper
ქაღალდი
kaxez
მონიტორი
nîşander
მაგიდა
mase
თაგვი
mişk
საქაღალდე
defter
კლავიატურა
klavye
ლათა ნარჩენი ქაღალდებისათვის
eta kaxezê
კომპიუტერი
komputer
სკამი
kursî

ყავის ფინჯანი

kasika qehwe

კალკულატორი

hesabker

ინტერნეტი

înternet

ლეპტოპი

komputera laptop

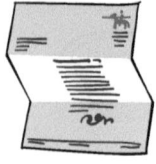

წერილი

name

მესიჯი

peyam

მობილური ტელეფონი

telefona mobîl

ქსელი

tor

სკანერი

mekîna fotokopî

პროგრამული
უზრუნველყოფა

software

ტელეფონი

telefon

როზეტი

socketa fîşek

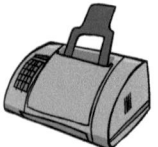

ფაქსის მანქანა

mekîna faxê

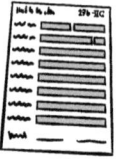

ფორმულარი

form

დოკუმენტი

belge

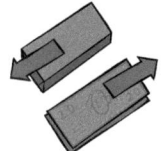

ყიდვა

standin

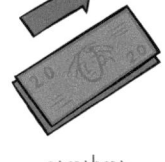

გადახდა

pere dan

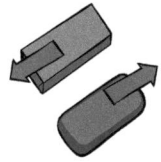

ვაჭრობა

bazirganî

ფული

pere

დოლარი

dollar

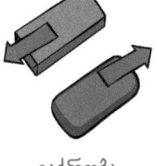

ევრო

yoro

იენი

yenê Japonê

რუბლი

roblê Rûsî

შვეიცარული ფრანკი

firankê Swîsê

ჟენმინბი იუანი

yuanê Çînê

რუპი

rûpee Hindî

ბანკომატი

mekîna jixwebera dirav

ვალუტის გადაცვლის ·პუნქტი·
ofîsa pere veguhartinê

ოქრო
zêrr

ვერცხლი
zîv

ნავთობი
neft

ენერგია
wize

ფასი
biha

ხელშეკრულება
peyman

გადასახადი
tax

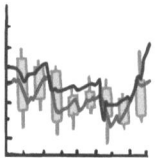

აქცია
seham

მუშაობა
karkirin

თანამშრომელი
karker

დამსაქმებელი
karda

ქარხანა
fabrîka

მაღაზია
dikan

პროფესიები

profesyon

პოლიციის ოფიცერი
polîs
მეხანძრე
agirkuj
მზარეული
aşbaz
ექიმი
bijîşk
მფრინავი
firokevan

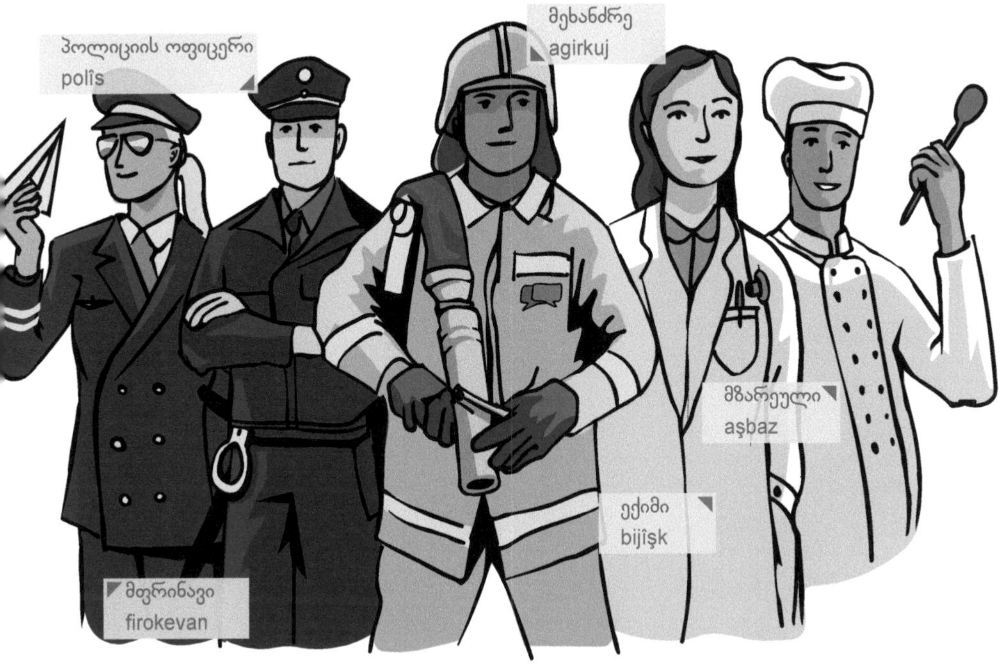

მებაღე
baxçevan

დურგალი
necar

თეთრეულის მკერავი ქალბატონი
dirûnvan

მოსამართლე
hakim

ქიმიკოსი
şîmyazan

მსახიობი
şanoger

ავტობუსის მძღოლი

şufêrê basê

ტაქსის მძღოლი

şufêrekî taksiyê

მეთევზე

masîvan

დამლაგებელი ქალბატონი

pagijker

სახურავის ოსტატი

çêkirê banî

მიმტანი

berkar

მონადირე

nêçirvan

ფერმწერი

rengrês

მცხობელი

nanpêj

ელექტრიკოსი

karebavan

მშენებელი

avaker

ინჟინერი

endezyar

ყასაბი

qesab

სანტექნიკოსი

lûlekar

ფოსტალიონი

postevan

ჯარისკაცი
esker

არქიტექტორი
mîmar

მოლარე
diravgir

ფლორისტი
firotkara çîçekan

პარიკმახერი
porçêker

კონდუქტორი
ajovan

მექანიკოსი
mekanîk

კაპიტანი
keştîvan

სტომატოლოგი
pizîşka didanan

მეცნიერი
zanistyar

რაბინი
rûhan

იმამი
îmam

ბერი
keşe

სასულიერო პირი
keşîş

იარაღები

amûran

ჩაქუჩი
çekûç
ბრტყელტუჩა
mûçîng
სახრახნისი
cerbader
ქანჩის გასაღები
açer
ჯიბის სანათი
dara çira

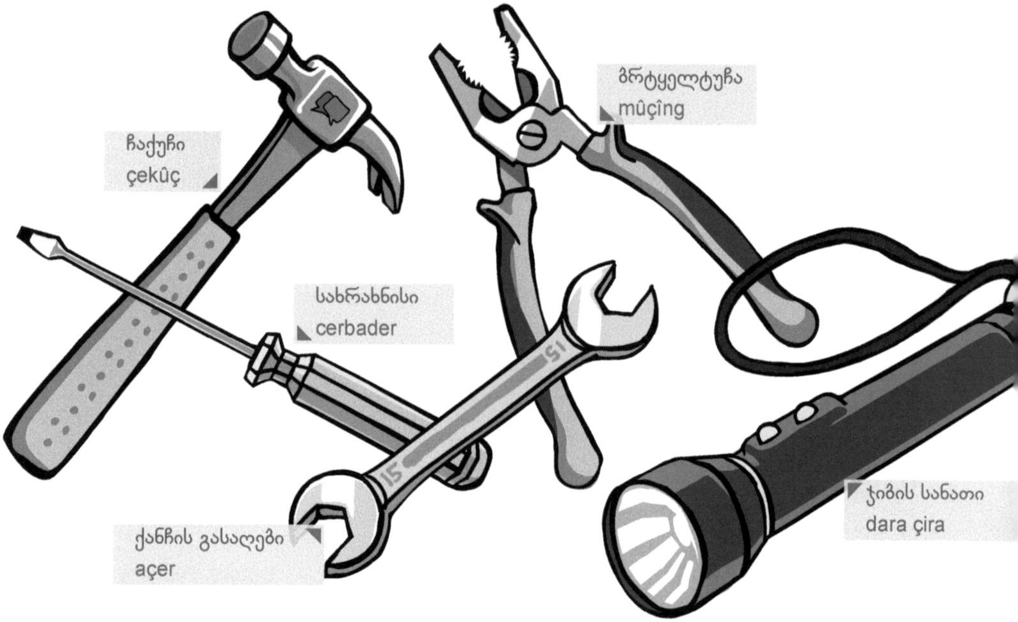

ექსკავატორი
şofel

იარაღების ყუთი
qûtiya amûran

კიბე
peyje

ხერხი
mişar

ლურსმები
mîx

საბურღი
qulkirin

შეკეთება
....
çêkirin

ნიჩაბი
....
merbêr

ანდაბა!
....
nalet!

აქანდაზი
....
bêl

საღებავის ქოთანი
....
qûtiya rengê

ხრახნები
....
cerr

მუსიკალური ინსტრუმენტები
amûrên mûzîkê

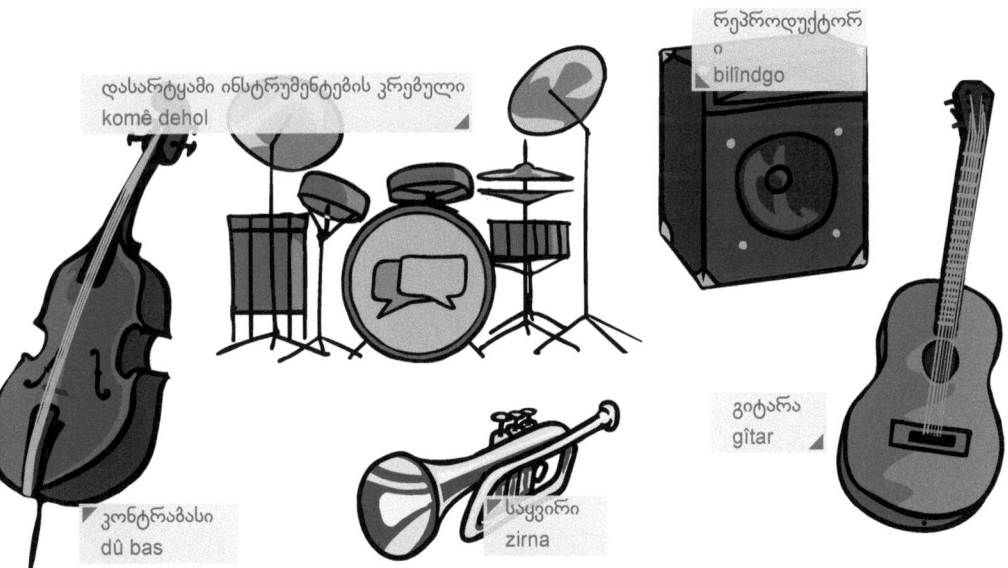

ი
bilîndgo
დასარტყამი ინსტრუმენტების კრებული
komê dehol
გიტარა
gîtar
კონტრაბასი
dû bas
საყვირი
zirna

ფორტეპიანო

piyano

ვიოლინო

viyolîn

ბასი

bas

ტიმპანონი

dehol

დასარტყამები

dahol

კლავიშები

keyboard

საქსოფონი

saksofon

ფლეიტა

bilûr

მიკროფონი

mîkrofon

baxça heywanan

შესასვლელი
navder
ვეფხვი
piling
გალია
qefes
ზებრა
kerê çiya
ცხოველთა საკვები
xwarina heywan
პანდა
panda

ცხოველები

heywan

სპილო

fîl

კენგურუ

kangarû

მარტორქა

kerkeden

გორილა

gorîl

დათვი

hirç

აქლემი

hêştir

სირაქლემა

hêştirme

ლომი

şêr

მაიმუნი

meymûn

ფლამინგო

flamîngo

თუთიყუში

papaxan

პოლარული დათვი

hirça cemserî

პინგვინი

penguîn

ზვიგენი

semasî

ფარშევანგი

tawûs

გველი

mar

ნიანგი

timsah

ზოოპარკის მფლობელი

parêzera baxça ajalan

სელაპი

seya derya

იაგუარი

piling

პონი
hesp

ლეოპარდი
piling

ბეჰემოტი
hespê rûbar

ჟირაფი
canhêştir

არწივი
helo

ტახი
berazê kovî

თევზი
masî

კუ
kûsî

მორჟი
walras

მელა
rovî

გაზელი
xezal

სპორტი

werziş

ამერიკული ფეხბურთი
fûtbolê Amerîka
ველოსპორტი
bisiklêtan
ჩოგბურთი
tenîs
კალათბურთი
baskêtbol
ცურვა
avjenîkirin
კრივი
boxing
ყინულის ჰოკეი
hokeya ser cemedê

ფეხბურთი

fûtbol

ბადმინტონი

badminton

მძლეოსნობა

yê atletîzmê

ხელბურთი

hendbol

სათხილამურო სპორტი

befirajotin

წყლის პოლო

polo

დაცინვა
kenîn
გადახტომა
hilpeke
ჩახუტება
hembêz
სეირნობა
birêveçûn
სიმღერა
lawje gutin
ოცნებობა
xewn dîtin
ლოცვა
nimêj kirin
კოცნა
maçkirin

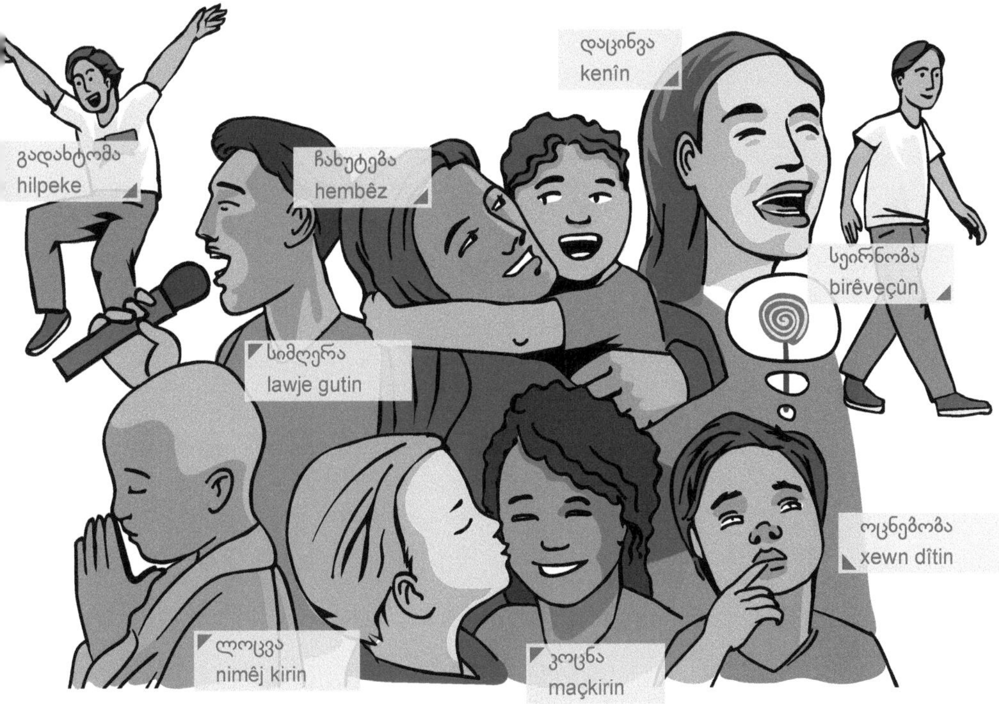

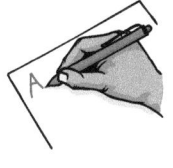

წერა
....
nivîsandin

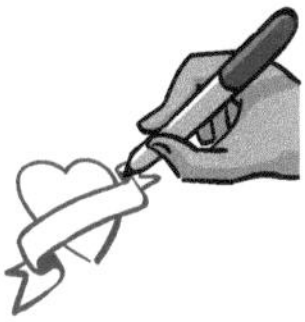

დახატვა
....
nîgar kêşan

ჩვენება
....
nîşan dan

დაჭერა
....
paldan

მიცემა
....
dayîn

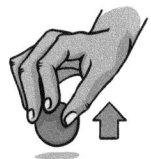

აღება
....
rakirin

ქონა

heyîn

კეთება

kirin

ყოფნა

bûn

დგომა

sekinîn

გარბენა

bazdan

მოქაჩვა

kişandin

გადაყრა

avêtin

დაცემა

ketin

ტყუილის თქმა

derew kirin

მოცდენა

sekinîn

ტარება

guhêztin

ჯდომა

rûniştin

ჩაცმა

cil berkirin

ძილი

razan

გაღვიძება

rabûn

დათვალიერება

mêze kirin

ტირილი

girîn

გაუთოება

celte

დავარცხნა

şe kirin

ლაპარაკი

peyvîn

გაგება

famkirin

შეკითხვა

pirskirin

მოსმენა

bihîstin

დალევა

vexwarin

ჭამა

xwarin

დალაგება

kom kirin

ყვარება

hezkirin

კერძების მზადება

xwarin çêkirin

სვლა

ajotin

ფრენა

firrîn

აფრის ქვეშ სიარული
kesştîvanî

გამოთვლა
hesibandin

წაკითხვა
xwandin

შესწავლა
hînbûn

მუშაობა
karkirin

ქორწინება
zewicîn

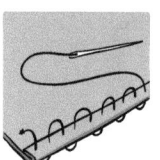

კერვა
dirûtin

კბილების ხეხვა
didan şûtin

მოკვლა
kuştin

მოწევა
dûxan

გაგზავნა
şandin

მოქმედებები - çalakiyan

ბებია
dapîr

ბაბუა
bapîr

მამა
bav

დედა
dê

ბავშვი
bebek

ქალიშვილი
keç

ვაჟიშვილი
kur

სტუმარი

mêvan

დეიდა

met

ბიძა

ap/xal

ძმა

bira

და

xwişl

სხეული
beden

შუბლი
enî
თვალი
çav
სახე
rû
ნიკაპი
zenî
თითი
tilî
მხარი
mil
ხელი
dest
მკერდი
sîng
ფეხი
ling
მკლავი
pîl

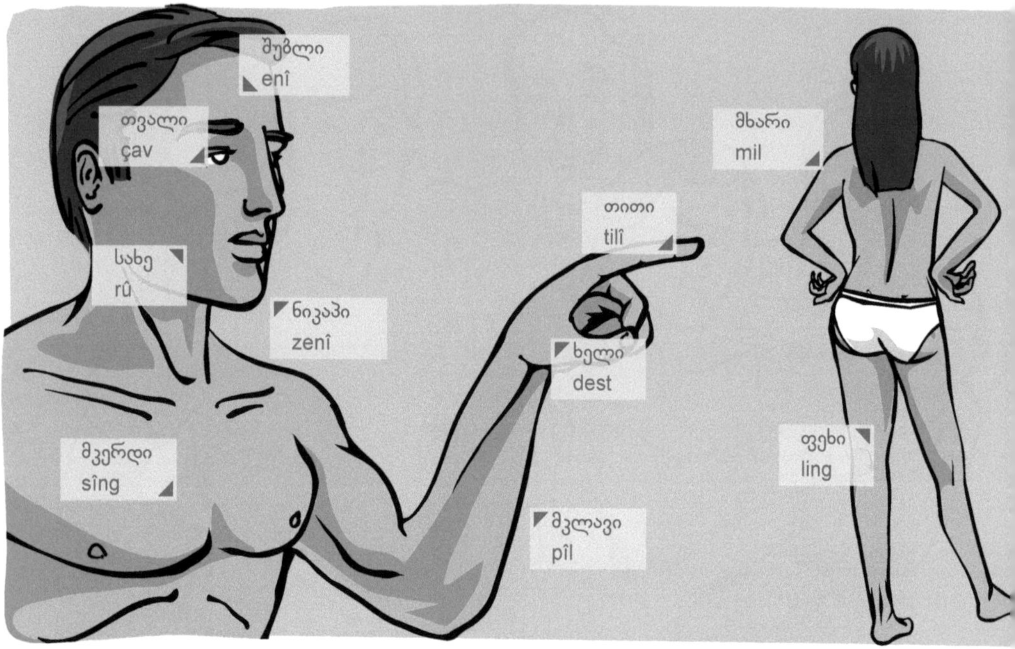

გავშვი

bebek

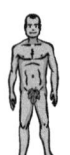

კაცი

mêr

ქალი

jin

გოგო

keç

ბიჭი

kor

თავი

ser

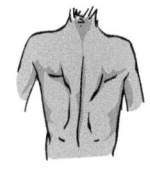

ზურგი

pişt

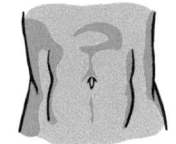

მუცელი

zik

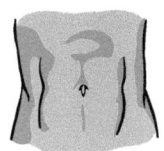

ჭიპი

navik

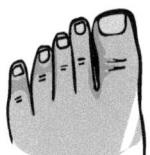

ფეხის თითი

tilîya pê

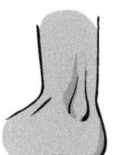

ქუსლი

panî

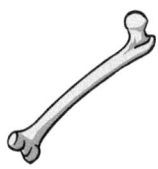

ძვალი

hestî

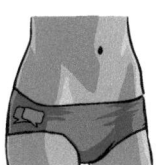

ბარძაყი

kûlîmek

მუხლი

jûnî

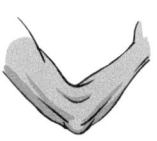

იდაყვი

enîşk

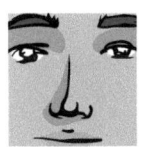

ცხვირი

difn

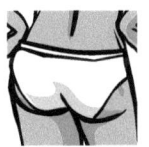

დუნდულა

qûn

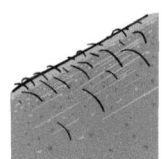

კანი

çerm

ლოყა

rû

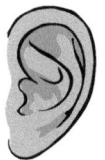

ყური

gûh

ტუჩი

lêv

პირი

dev

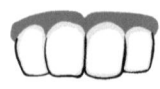

კბილი

diran

ენა

ziman

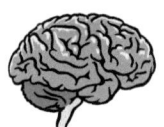

ტვინი

mêjî

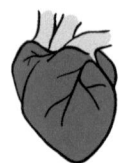

გული

dil

კუნთი

masûl

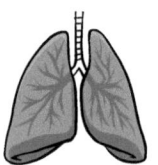

ფილტვი

cîgera spî

ღვიძლი

ceger

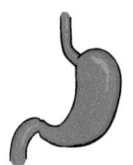

კუჭი

made

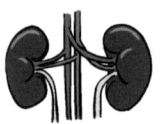

თირკმელები

gûrçikan

სექსი

cotbûn

პრეზერვატივი

kondom

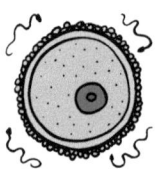

კვერცხუჯრედი

hêk

სპერმა

tov

ორსულობა

dûcanî

70   სხეული - beden

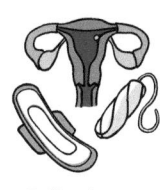

მენსტრუაცია

ade

საშო

qûz

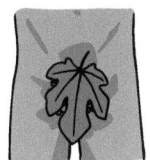

პენისი

kîr

წარბი

birû

თმა

por

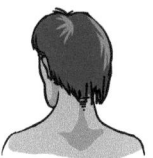

კისერი

hûstû

საავადმყოფო
nexweşxane

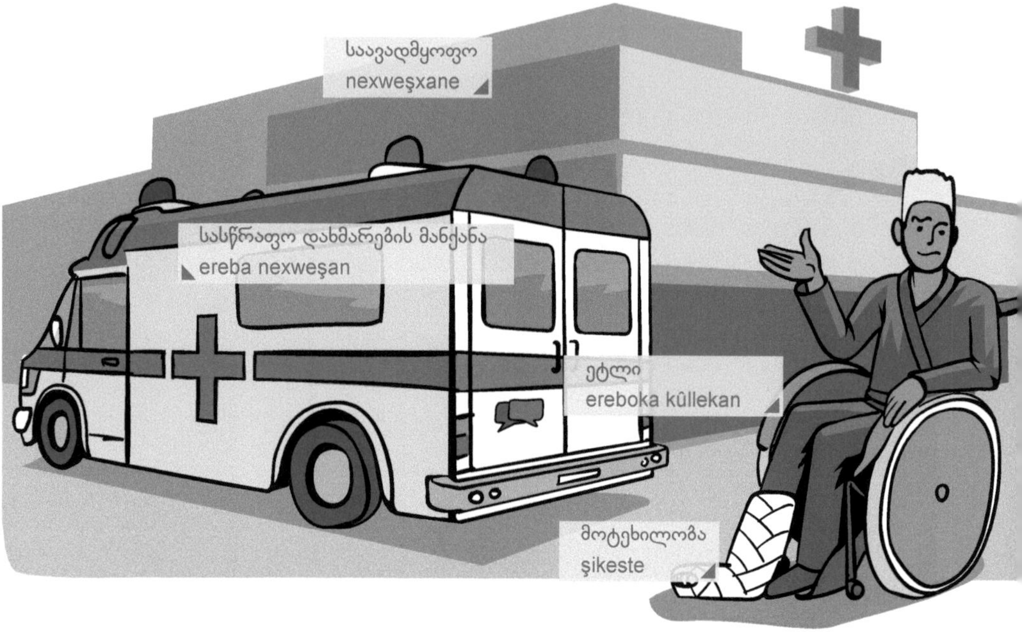

nexweşxane
სასწრაფო დახმარების მანქანა
ereba nexweşan
ეტლი
ereboka kûllekan
მოტეხილობა
şikeste

ექიმი

bijîşk

პირველი დახმარების ოთახი

oda lezgînê

მედდა

nexweşyar

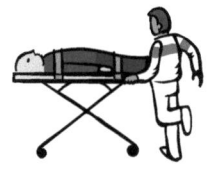

გადაუდებელი შემთხვევა

acîlîyet

უგონოდ მყოფი

bêhay

ტკივილი

êş

დაზიანება
birîn

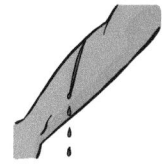

სისხლდენა
xwînpijan

გულის შეტევა
hêrişa dilî

ინსულტი
celte

ალერგია
alerjî

ხველა
kuxik

ცხელება
ta

გრიპი
zikam

დიარეა
navçûyin

თავის ტკივილი
serêş

კიბო
qansêr

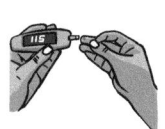

დიაბეტი
nexweşiya şekirê

ქირურგი
emelîkar

სკალპელი
skalpêl

ოპერაცია
emelî

კტ

CT

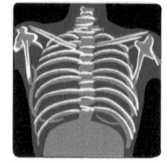

რენტგენი

sûretê rontgên

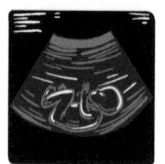

ულტრაბგერა

ûltrasawnd

ნიღაბი

maskê rûyê

დაავადება

nexweşî

მოსაცდელი ოთახი

oda sekinînê

ყავარჯენი

goçan

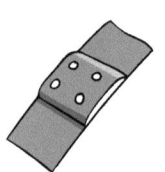

თაბაშირი

şêl

ბინტი

paçê birînpêçanê

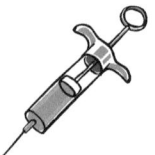

ინექცია

derzî

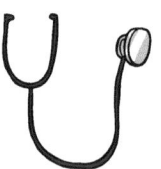

სტეტოსკოპი

bîstoka pizîşkî

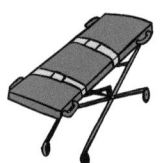

საკაცე

darbest

თერმომეტრი

têhnpîva klînîkê

დაბადება

zayîn

ჭარბი წონა

qelew

სმენის აპარატი

alîkariya bihîstinê

სადეზინფექციო საშუალება

bakterîkuj

ინფექცია

kotîbûn

ვირუსი

vîrûs

აივ / შიდსი

HIV / AIDS

წამალი

derman

ვაქცინაცია

kutan

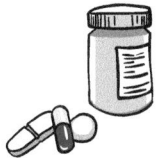

ტაბლეტები

heban

აბი

heb

გადაუდებელი გამოძახება

lezgîn

წნევის საზომი აპარატი

dîmenderê pesto xwîn

ავადმყოფი / ჯანმრთელი

nexweş / sax

გადაუდებელი შემთხვევა
acîlîyet

დამეხმარეთ!

Hewar!

განგაში

alarm

თავდასხმა

êrîş

შეტევა

êrîşkirin

საფრთხე

talûk

სათადარიგო გასასვლელი

derketina acil

ხანძარი!

agir!

ცეცხლსაქრობი

agir vemirandinê

უბედური შემთხვევა

qeza

პირველადი დახმარების აფთიაქი

aletên alîkariya yekem

SOS

SOS

პოლიცია

polîs

ევროპა
Ewropa

ჩრდილოეთ ამერიკა
Amerîkaya Bakûr

სამხრეთ ამერიკა
Amerîkaya Başûr

აფრიკა
Afrîka

აზია
Asya

ავსტრალია
Awustralya

ატლანტიკა
Atlantîk

წყნარი ოკეანე
Okyanûsa Mezin

ინდოეთის ოკეანე
Okyanûsa Hindî

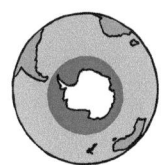

ანტარქტიკის ოკეანე
Okyanûsa Antarktîka

ჩრდილოეთის ყინულოვანი
ოკეანე
Okyanûsa Arktîk

ჩრდილოეთ პოლუსი
Cemsera Bakûr

სამხრეთ პოლუსი

Cemsera Başûr

ანტარქტიდა

Antarktîka

დედამიწა

erd

ხმელეთი

ax

ზღვა

behir

კუნძული

dûrge

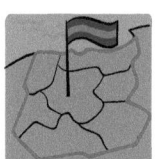

ერი

milllet

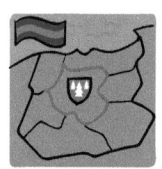

სახელმწიფო

welat

საათი
saet

ციფერბლატი

rûyê saet

საათების ისარი

nişanderka demjimêr

წუთების ისარი

nişanderka deqe

წამების ისარი

nişanderka saniye

რომელი საათია?

Seet çende?

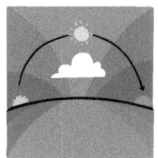

დღე

roj

დრო

dem

ახლა

niha

ციფრული საათი

saetê dicîtal

წუთი

deqe

საათი

seet

კვირა
hefte

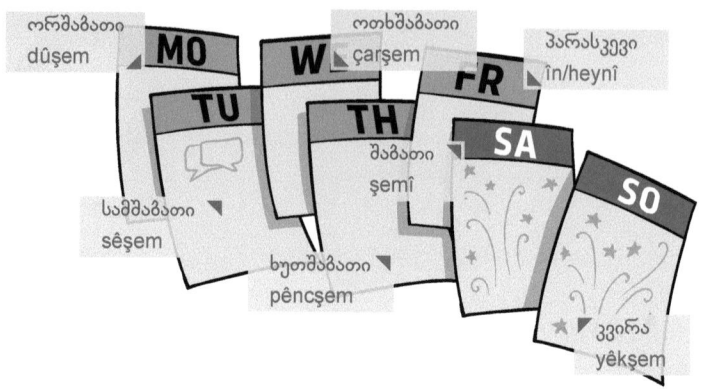

ორშაბათი dûşem — MO
— W ოთხშაბათი çarşem
პარასკევი în/heynî
TU
TH შაბათი şemî
SA
სამშაბათი sêşem
ხუთშაბათი pêncşem
SO
კვირა yêkşem

გუშინ
duh

დღეს
îro

ხვალ
sibey

დილა
sibe

შუადღე
nîvro

საღამო
êvar

MO	TU	WE	TH	FR	SA	SU
1	2	3	4	5	6	7
8	9	10	11	12	13	14
15	16	17	18	19	20	21
22	23	24	25	26	27	28
29	30	31	1	2	3	4

სამუშაო დღეები
rojên karê

MO	TU	WE	TH	FR	SA	SU
1	2	3	4	5	6	7
8	9	10	11	12	13	14
15	16	17	18	19	20	21
22	23	24	25	26	27	28
29	30	31	1	2	3	4

შაბათი-კვირა
dawiya hefte

წელი

sal

წვიმა
baran
ცისარტყელა
keskesor
ქარი
ba
თოვლი
befir
გაზაფხული
bihar
ზაფხული
havîn
შემოდგომა
payîz
ზამთარი
zivistan

4.APRIL 11°
5.APRIL 4°
6.APRIL 13°
7.APRIL 8°
8.APRIL 10°

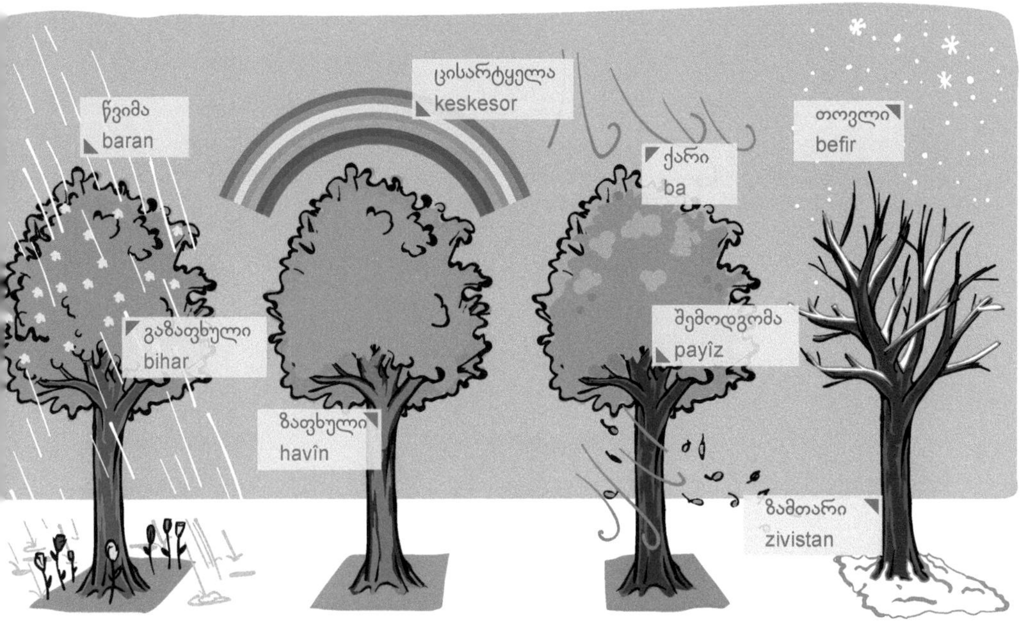

ამინდის პროგნოზი

pêşbîniya hewa

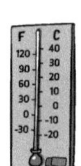

თერმომეტრი

tehnpîv

მზის სხივი

tav

ღრუბელი

hewr

ნისლი

mij

ტენიანობა

hêmî

ელვა
....
birq

ქუხილი
....
brûsk

შტორმი
....
tofan

სეტყვა
....
terg

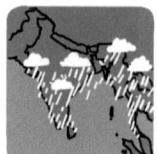

მუსონი
....
mansûn

წყალდიდობა
....
lehî

ყინული
....
cemed

იანვარი
....
rêbendan

თებერვალი
....
reşeme

მარტი
....
newroz

აპრილი
....
gulan

მაისი
....
cozerdan

ივნისი
....
pûşper

ივლისი
....
gelawêj

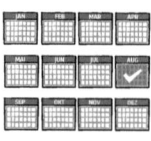

აგვისტო
....
xermanan

82   წელი - sal

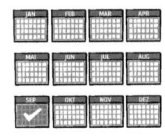

სექტემბერი

rezber

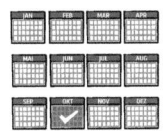

ოქტომბერი

kewçêr

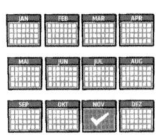

ნოემბერი

sermawez

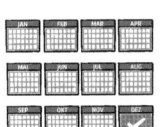

დეკემბერი

befranbar

ფორმები

şêwe

წრე

çember

კვადრატი

çarçik

მართკუთხედი

çarqozî

სამკუთხედი

sêqozî

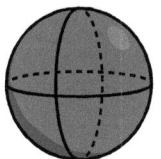

სფერო

qada

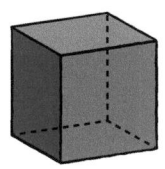

კუბი

xiştek

ფერები
rengan

თეთრი

sipî

ყვითელი

zer

ნარინჯისფერი

pirteqalî

ვარდისფერი

pembe

წითელი

sor

იისფერი

mor

ცისფერი

şîn

მწვანე

kesik

ყავისფერი

qehweyî

ნაცრისფერი

gewr

შავი

reş

ბევრი / ცოტა

zor / kêm

გაბრაზებული / მშვიდი

bi hêrs / bêdeng

ლამაზი / მახინჯი

bedew / nerind

დასაწყისი / დასასრული

destpêk / dawî

დიდი / პატარა

mezin / biçûk

ნათელი / მუქი

ronî / tarî

ძმა / და

brak / xwişk

სუფთა / ჭუჭყიანი

pagij / girêj

სრული / არასრული

tevî / netemam

დღე / ღამე

roj / şev

მკვდარი / ცოცხალი

mirî / zindî

განიერი / ვიწრო

fire / teng

საჭმელად ვარგისი / საჭმელად უვარგისი

xweş / nexweş

ბოროტი / კეთილი

nebaş / baş

შთამბეჭდავი / მოსაწყენი

bi heyecan / aciz

სქელი / თხელი

qelew / zirav

პირველი / ბოლო

yekemîn / dawîn

მეგობარი / მტერი

heval / dijmin

სრული / ცარიელი

tijî / vala

მყარი / რბილი

req / nerm

მძიმე / მსუბუქი

giran / sivik

მოშიებული / მწყურვალე

birçî / tînî

ავადმყოფი / ჯანმრთელი

nexweş / sax

არალეგალური / ლეგალური

neqanûnî / qanûnî

ინტელექტუალი / სულელი

rewşenbîr / balûle

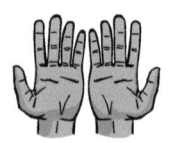

მარცხენა / მარჯვენა

çep / rast

ახლოს / შორს

nêzî / dûr

ახალი / გამოყენებული

nû / bikarhatî

არაფერი / რაღაცა

hîç / tiştek

მოხუცი / ახალგაზრდა

kal / ciwan

ჩართვა / გამორთვა

li / ji

ღია / დახურული

vekirî / girtî

ჩუმი / ხმამაღალი

aram / dengbilind

მდიდარი / ღარიბი

dewlemend / reben

მართალი / მტყვანი

rast / şaş

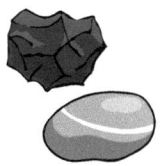

უხეში / გლუვი

dirr / hilû

სევდიანი / ბედნიერი

xemgîn / şa

მოკლე / გრძელი

kurt / dirêj

ნელი / სწრაფი

hêdî / zû

სველი / მშრალი

şil / ziwa

თბილი / გრილი

germ / hênik

ომი / მშვიდობა

şerr / aşitî

რიცხვები
hejmaran

0	1	2
ნული	ერთი	ორი
sifir	yek	dû
3	4	5
სამი	ოთხი	ხუთი
sê	çar	pênc
6	7	8
ექვსი	შვიდი	რვა
şeş	heft	heşt
9	10	11
ცხრა	ათი	თერთმეტი
neh	deh	yazde

12

თორმეტი
dazde

13

ცამეტი
sêzde

14

თოთხმეტი
çarde

15

თხუთმეტი
pazde

16

თექვსმეტი
şazde

17

ჩვიდმეტი
hefde

18

თვრამეტი
hejde

19

ცხრამეტი
nozdeh

20

ოცი
bîst

100

ასი
sed

1.000

ათასი
hezar

1.000.000

მილიონი
milyon

ენები

zimanan

ინგლისური

Inglîzî

ამერიკული ინგლისური

Inglîziya Amerîkî

ჩინური მანდარინი

Çînî Mandarîn

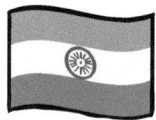

ჰინდი

Hindî

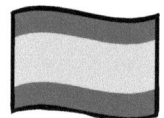

ესპანური

Îspanyolî

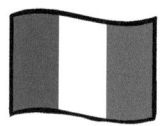

ფრანგული

Frensî

არაბული

Erebî

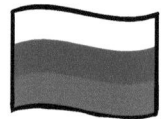

რუსული

Rûsî

პორტუგალიური

Portugalî

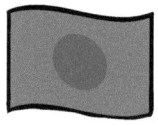

ბენგალური

Bengalî

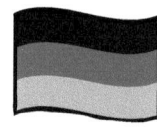

გერმანული

Elmanî

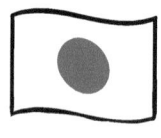

იაპონური

Japonî

ვინ / რა / როგორ
kî /çi / çawa

მე

min

შენ

tu

ის / ის / იგი

ew / ev / ew

ჩვენ

em

თქვენ

tu

ისინი

ew

ვინ?

kî?

რა?

çi?

როგორ?

çawa?

სად?

kû?

როდის?

kengî?

HELLO, I AM

სახელი

nav

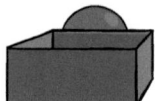

უკან
....
piştî

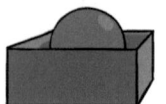

შიგნით
....
li

წინ
....
pêşî

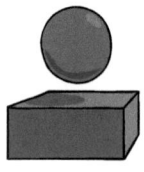

ზედ
....
ser

=-ზე
....
ser

ქვეშ
....
bin

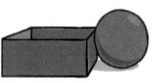

გვერდით
....
kêlek

შორის
....
navber

ადგილი
....
cih